CUCINARE CON PASSIONE

DELIZIE DELL'ASIA

logos

Sommario

Tod Man Pla (crocchette di pesce)

TEMPO DI PREPARAZIONE: 30 minuti
TEMPO DI COTTURA: 10 minuti
PER 4–6 persone

450 g di filetti di pesce bianco diliscati
3 cucchiai di farina di riso o di granturco
1 cucchiaio di salsa di pesce
1 uovo sbattuto
15 g di foglie di coriandolo
3 cucchiaini di pasta di curry
1–2 cucchiaini di peperoncino a pezzetti (facoltativo)
100 g di fagiolini a pezzetti
2 cipolline novelle ad anelli sottili
125 ml di olio per friggere
salsa di base per l'accompagnamento (pag. 68) o salsa di peperoncino dolce in bottiglia

1 Mettete il pesce in un frullatore e frullate per 20 secondi, fino a ottenere un composto dalla consistenza omogenea. Aggiungete la farina di riso, la salsa di pesce, l'uovo sbattuto, le foglie di coriandolo, la pasta di curry ed, eventualmente, il peperoncino. Frullate ancora per 10 secondi per amalgamare gli ingredienti. Trasferite l'impasto in un recipiente grande, unite i fagiolini e le cipolline e mescolate con cura.

2 Inumiditevi le mani, quindi prelevate 2 cucchiai del composto preparato e ricavatene una polpetta leggermente schiacciata. Ripetete l'operazione con il composto rimasto.

3 Riscaldate l'olio in una padella con il fondo spesso, o in una friggitrice, a fuoco medio. Friggete le crocchette di pesce fino a quando saranno dorate su ambo i lati. Scolatele su carta assorbente da cucina e servite subito, accompagnando con la salsa scelta.

Frullate i filetti di pesce fino a quando non sono amalgamati.

Modellate le polpette prelevando 2 cucchiai di impasto.

Friggete le crocchette fino a completa doratura.

Phad Thai (tagliolini di riso saltati)

TEMPO DI PREPARAZIONE: 25 minuti
TEMPO DI COTTURA: 10–15 minuti
PER 4 persone

250 g di tagliolini di riso
2 cucchiai di olio
3 spicchi di aglio tritati
1 cucchiaino di peperoncino a pezzetti
150 g di maiale a fettine sottili
100 g di gamberi a dadini
75 g di erba aglina sminuzzata
2 cucchiai di salsa di pesce
2 cucchiai di succo di lime
2 cucchiaini di zucchero di canna
2 uova sbattute
90 g di germogli di soia spuntati
rametti di coriandolo
40 g di arachidi tostate a pezzetti

1 Tuffate i tagliolini di riso in abbondante acqua in ebollizione e lasciateli in ammollo per 10 minuti, finché si saranno ammorbiditi, quindi scolateli e metteteli da parte. Riscaldate l'olio in un wok, oppure in una capiente padella antiaderente. Quando l'olio è caldo, aggiungete l'aglio, il peperoncino e la carne di maiale e fate saltare per 2 minuti.

2 Unite i gamberi e fateli saltare per 3 minuti. Trasferite nella padella l'erba aglina e i tagliolini di riso, coprite e proseguite la cottura ancora per 1 minuto.

3 Versate la salsa di pesce, il succo di lime, lo zucchero e le uova, mescolate con cura servendovi di un paio di molle o di due cucchiai di legno finché l'uovo si sarà rappreso. Cospargete con i germogli di soia, il coriandolo e le arachidi e servite.

Fate ammorbidire i tagliolini di riso in acqua bollente.

Aggiungete l'erba aglina sminuzzata e mescolate.

Unite la salsa di pesce, il succo di lime, lo zucchero e le uova.

Involtini primavera

TEMPO DI PREPARAZIONE: 30 minuti
PER 8 persone

50 g di vermicelli di riso
8 fogli di carta di riso
2 uova sode sgusciate e tagliate in quattro
16 foglie di basilico tailandese
15 g di foglie di coriandolo
10 g di foglie di menta
2 cucchiai di arachidi tostate a pezzetti
1 carota spuntata, raschiata e tagliata a fiammifero
1 cetriolo spuntato e tagliato a fiammifero
1 cucchiaio di scorza di lime grattugiata
2 cucchiai di salsa di peperoncino dolce

Salsa di accompagnamento
3 cucchiai di salsa hoisin
1 cucchiaio di salsa di pesce
1 cucchiaio di acqua fredda
2 cucchiaini di peperoncini tritati

1 Mettete i vermicelli in un recipiente e copriteli a filo con acqua in ebollizione. Lasciateli ammorbidire per 10 minuti, quindi scolateli.

2 Immergete un foglio di carta di riso in un recipiente di acqua tiepida, fatelo ammorbidire, poi scolatelo e disponetelo su un piano di lavoro.

3 Sistemate un quarto di uovo sul foglio di riso e unite 2 foglie di basilico, erbe aromatiche, arachidi, verdure, scorza di lime e un po' di vermicelli. Condite con la salsa al peperoncino.

4 Schiacciate delicatamente il ripieno e ripiegatevi sopra la carta di riso. Disponete l'involtino su un vassoio con la chiusura rivolta verso il basso, spruzzatelo di acqua e copritelo con la pellicola. Ripetete l'operazione con gli ingredienti rimasti. La carta di riso deve rimanere umida, altrimenti rischia di rompersi. Spruzzate gli involtini con acqua fredda fino al momento di servire.

5 Per la salsa: mescolate tutti gli ingredienti in un recipiente e servite con gli involtini primavera.

Tagliate la carota e il cetriolo a fiammifero.

Mettete un quarto di uovo al centro del foglio di riso.

Ripiegate il foglio intorno al ripieno.

Verdure al curry

TEMPO DI PREPARAZIONE: 25 minuti
TEMPO DI COTTURA: 20 minuti
PER 4 persone

225 g di germogli o cime di bambù ben scolati
500 ml di latte di cocco
125 ml di acqua
2 cucchiai di pasta di curry
1 cipolla media tritata
4 foglie di lime kaffir
2 patate medie tagliate grossolanamente
200 g di zucca tagliata grossolanamente
150 g di fagiolini a pezzetti
1 peperone rosso a dadini
3 zucchine piccole a pezzetti
2 cucchiai di foglie di basilico sminuzzate con le dita
2 cucchiai di salsa di pesce
2 cucchiai di succo di lime
3 cucchiaini di zucchero di canna

1 Tagliate a metà i germogli di bambù, eliminate le estremità dure e metteteli da parte. Emulsionate il latte di cocco, l'acqua e la pasta di curry in un wok o in una pentola, quindi portate a ebollizione mescolando di tanto in tanto.

2 Aggiungete la cipolla e le foglie di lime kaffir e lasciate bollire per 3 minuti. Unite le patate e la zucca e proseguite la cottura, a fuoco medio, per altri 8 minuti, fino a quando la zucca sarà quasi cotta. Aggiungete i fagiolini, il peperone e le zucchine e fate sobbollire, sempre a fuoco basso, per altri 5 minuti. Se il curry rimane troppo denso, versate ½ tazza di acqua per allungarlo. Unite i germogli di bambù e il basilico e condite con la salsa di pesce, il succo di lime e lo zucchero. Servite le verdure accompagnate con riso al vapore.

Tagliate i germogli di bambù a metà ed eliminate le punte.

Unite la cipolla e il lime e fate bollire per 3 minuti.

Aggiungete le patate e la zucca e lasciate sobbollire.

Insalata di manzo

TEMPO DI PREPARAZIONE: 35 minuti
TEMPO DI COTTURA: 10 minuti
PER 4 persone

3 spicchi di aglio tritati
4 radici di coriandolo tritate
½ cucchiaino di pepe nero macinato al momento
3 cucchiai di olio
400 g di scamone o di lombata
1 cespo di lattuga tenera
200 g di pomodori ciliegini
1 cetriolo medio
4 cipolline novelle
15 g di foglie di coriandolo

Condimento

2 cucchiai di salsa di pesce
2 cucchiai di succo di lime
1 cucchiaio di salsa di soia
2 cucchiaini di peperoncini freschi tritati
2 cucchiaini di zucchero di canna

1 Mescolate l'aglio tritato e le radici di coriandolo, il pepe nero e 2 cucchiai di olio. Pestate gli ingredienti in un mortaio, oppure servitevi di un frullatore. Cospargete abbondantemente la carne con l'impasto.

2 Fate scaldare l'olio rimasto in una padella con il fondo spesso, o in un wok, a fuoco alto. Adagiate la carne nella padella e cuocetela per circa 4 minuti da ogni lato, girandola solo una volta durante la cottura. Togliete la carne dal fuoco e lasciatela raffreddare.

3 Nel frattempo, sfogliate il cespo di lattuga e lavate le foglie. Dividete a metà i pomodorini, tagliate il cetriolo a rondelle e le cipolline ad anelli.

4 Per il condimento: riunite la salsa di pesce, il succo di lime, la salsa di soia, il peperoncino e lo zucchero di canna in un piccolo recipiente ed emulsionate servendovi di una forchetta finché lo zucchero si sarà sciolto.

5 Tagliate a listerelle la carne, ormai fredda, e disponete le foglie di lattuga su un piatto da portata. Distribuitevi i pomodorini, il cetriolo, le cipolle e infine la carne. Irrorate con il condimento e spolverizzate con le foglie di coriandolo. Servite subito.

Pestate in un mortaio l'aglio, il coriandolo, il pepe e l'olio.

Lasciate raffreddare la carne, poi tagliatela a listerelle.

Pesce fritto al curry

TEMPO DI PREPARAZIONE: 30 minuti
+ 15 minuti di ammollo
TEMPO DI COTTURA: 10 minuti
PER 4 persone

4 peperoncini secchi medi
100 g di scalogno asiatico
3 spicchi di aglio tritati
2 gambi di lemon grass
(solo la parte bianca) a fettine
4 radici di coriandolo
2 cucchiaini di scorza di lime
½ cucchiaino di grani di pepe verde
schiacciati
125 ml di olio
4 filetti di pesce medi diliscati (circa 750 g)
125 ml di latte di cocco
1 cucchiaio di salsa di pesce
4 foglie di lime kaffir sminuzzate
2 cucchiai di succo di lime

1 Mettete i peperoncini in un recipiente, copriteli a filo con acqua in ebollizione e teneteli in ammollo per 15 minuti per farli rinvenire. Scolateli e tagliateli a pezzi non troppo piccoli.

2 Frullate i peperoncini, lo scalogno, l'aglio, la lemon grass, le radici di coriandolo, la scorza di lime e il pepe verde in grani fino a ottenere un composto omogeneo. Versate 1 cucchiaio di olio per allungare l'impasto e raschiate quanto rimane sui bordi del bicchiere del frullatore servendovi di una spatola. Spalmate l'impasto con delicatezza su un lato dei filetti di pesce.

3 Fate scaldare l'olio rimasto in una padella. Disponetevi i filetti senza sovrapporli (se necessario cuoceteli in due tempi) e friggeteli per 2–3 minuti per lato, girandoli attentamente con due palette e facendo attenzione a non romperli.

4 Emulsionate il latte di cocco, la salsa di pesce, le foglie e il succo di lime e versate il condimento sul pesce. Abbassate la fiamma, fate sobbollire per 3 minuti, poi togliete il pesce con una paletta.

Indossate guanti di gomma per tagliare i peperoncini.

Frullate gli ingredienti fino a ottenere un impasto omogeneo.

Usate le palette per girare il pesce senza romperlo.

澳聞
洲出口減貿易赤
記收受禮品

Insalata di pollo e crescione

TEMPO DI PREPARAZIONE: 40 minuti
TEMPO DI COTTURA: 10–15 minuti
PER 4 persone

3 filetti di pollo piccoli (circa 350 g)
1 cetriolo medio
½ peperone rosso
150 g di crescione
10 g di foglioline di menta fresche
2 cucchiai di foglie di menta sminuzzate per guarnire
2 peperoncini rossi a pezzetti per guarnire
2 cucchiai di cipolla fritta per guarnire

Condimento
3 cucchiai di succo di lime
2 cucchiai di latte di cocco
1 cucchiaio di salsa di pesce
1 cucchiaio di salsa di peperoncino dolce

1 Foderate un cestello di bambù per la cottura a vapore con un foglio di carta da forno, sistematevi il pollo e fatelo cuocere, coperto, sopra un wok o una pentola di acqua in leggera ebollizione per 10 minuti. Una volta cotto, togliete il pollo dal fuoco e fatelo freddare. Tagliate il cetriolo a fettine sottili, poi dividetele a metà. Tagliate il peperone a listerelle.

2 Mentre il pollo si raffredda, pulite il crescione separando i rametti dai gambi più duri. Disponete il crescione e le foglie di menta intere su un vassoio. Con le dita, dividete il pollo a listerelle e trasferitelo in un recipiente, unite il cetriolo e il peperone e amalgamate gli ingredienti mescolando delicatamente. Travasate il composto sul letto di crescione, irrorate con il condimento e cospargete con la menta tagliuzzata, i peperoncini a pezzetti e la cipolla fritta.

3 Per il condimento: emulsionate in un recipiente il succo di lime, il latte di cocco, la salsa di pesce e la salsa di peperoncino dolce.

Mettete il pollo sopra la carta da forno e cuocetelo a vapore.

Separate i rametti di crescione dai gambi più duri.

Una volta cotto, dividete il pollo a listerelle con le dita.

Barbecue di manzo

TEMPO DI PREPARAZIONE: 20 minuti + 30 minuti di congelamento + 2 ore di marinatura
TEMPO DI COTTURA: 15 minuti
PER 4–6 persone

500 g di filetto di manzo o di lombata
40 g di semi di sesamo
125 ml di shoshoyu
(salsa di soia giapponese)
2 spicchi di aglio tritati
3 cipolline novelle tritate
1 cucchiaio di olio di sesamo
1 cucchiaio di olio

1 Mettete la carne nel congelatore per 30 minuti, in questo modo sarà più facile tagliarla a fette sottili. Tostate i semi di sesamo, a fuoco basso e senza aggiungere condimento, per 3–4 minuti, finché saranno dorati, scuotendo delicatamente la padella. Fuori dal fuoco, fateli freddare e tritateli nel frullatore, oppure pestateli in un mortaio.

2 Affettate sottilmente la carne, senza eliminare le nervature. Riunite in un recipiente la carne, lo shoshoyu, l'aglio, le cipolline e metà dei semi di sesamo tritati e mescolate fino a quando la carne sarà ben condita su ambo i lati. Coprite e lasciate marinare in frigorifero per 2 ore.

3 Mescolate le due varietà di olio e versatene una piccola quantità in una padella antiaderente o spennellatevi una griglia. Quando l'olio sarà ben caldo, fate cuocere la carne poca alla volta 1 minuto per parte (non troppo, altrimenti diventa dura). Prima di cuocere altra carne, fate scaldare ancora un po' di olio. Spolverizzate la carne con i semi di sesamo rimasti e servite con cavolo in salamoia (Kim Chi) e scalogno.

Tagliate la carne a fette sottili senza eliminare le nervature.

Unite la salsa di soia, l'aglio, la cipolla e metà semi di sesamo.

Fate attenzione a non cuocere troppo la carne.

Kim Chi (cavolo in salamoia)

TEMPO DI PREPARAZIONE: 10 minuti
+ 9 giorni di riposo
PER circa 3 tazze

1 cavolo cinese grande
160 g di sale
½ cucchiaino di pepe di Cayenna
1 pezzetto di zenzero fresco lungo 5 cm grattugiato
da 3 cucchiaini a 3 cucchiai di peperoncini a pezzetti
5 cipolline novelle ad anelli
2 spicchi di aglio tritati
1 cucchiaio di zucchero
600 ml di acqua

1 Dividete il cavolo a metà, poi tagliatelo a pezzi grossi. Sistemate uno strato di cavolo sul fondo di un recipiente grande e salate moderatamente. Continuate a formare strati con il cavolo rimasto salando ogni strato, compreso l'ultimo.

2 Coprite con un piatto che aderisca il più possibile al cavolo. Sistemate dei pesi sopra il piatto (scatolette o altro) e tenete il recipiente in frigorifero per 5 giorni.

3 Togliete i pesi e il piatto ed eliminate il liquido che si sarà formato. Sciacquate bene il cavolo sotto un getto di acqua corrente e strizzatelo per eliminare l'acqua in eccesso. Rimettete il cavolo nel recipiente, unite il pepe, lo zenzero, i peperoncini, le cipolle, l'aglio e lo zucchero e mescolate con cura per amalgamare gli ingredienti. Servendovi di un mestolo, travasate il composto in un barattolo di vetro, precedentemente sterilizzato, coprite a filo con acqua e sigillate con un coperchio a chiusura ermetica. Prima di servire, fate riposare in frigorifero per 3–4 giorni.

Formate strati di cavolo in un recipiente, salando ogni strato.

Coprite con un piatto e sistematevi sopra alcuni pesi.

Strizzate il cavolo con le mani eliminando l'acqua in eccesso.

Costolette con semi di sesamo

TEMPO DI PREPARAZIONE: 30 minuti
TEMPO DI COTTURA: 1 ora e 10 minuti
PER 4–6 persone

1 kg di costolette di maiale tagliate a pezzi di 3 cm
1 cucchiaio di semi di sesamo
2 cucchiai di olio
2 cipolline novelle tritate
1 pezzetto di zenzero fresco lungo 4 cm grattugiato
3 spicchi di aglio tritati
2 cucchiai di zucchero
2 cucchiai di vino di riso
1 cucchiaio di shoshoyu (salsa di soia giapponese)
2 cucchiai di olio di sesamo
315 ml di acqua calda
2 cucchiai di farina di granturco

1 Pulite la carne di maiale eliminando il grasso in eccesso. Tostate i semi di sesamo, a fuoco basso e senza aggiungere condimento, per 3–4 minuti, finché saranno dorati, scuotendo delicatamente la padella. Fuori dal fuoco, fateli freddare e tritateli nel frullatore, oppure pestateli in un mortaio.

2 Riscaldate l'olio in una padella con il fondo spesso. Rosolatevi le costolette a fuoco alto, girandole spesso, finché saranno dorate su entrambi i lati. Scolate l'olio in eccesso e versate nella padella metà dei semi di sesamo. Aggiungete le cipolline, lo zenzero, l'aglio, lo zucchero, il vino di riso, lo shoshoyu, l'olio di sesamo e l'acqua, coprite e fate sobbollire per 45–50 minuti, mescolando di tanto in tanto.

3 Stemperate la farina con l'acqua necessaria, poi versatela nella padella, mescolando continuamente, fino a quando il composto raggiunge l'ebollizione e si addensa. Spolverizzate con i semi di sesamo rimasti e servite accompagnando con riso al vapore e cavolo in salamoia (Kim Chi).

Tostate in padella i semi di sesamo a fuoco basso.

Fate dorare la carne girandola a intervalli regolari.

Versate la salsa e mescolate per amalgamarla alla carne.

Sushi

TEMPO DI PREPARAZIONE: 45 minuti
TEMPO DI COTTURA: 8–10 minuti
PER circa 30 sushi

220 g di riso bianco a chicchi piccoli
500 ml di acqua
1 cucchiaio di zucchero
1 cucchiaino di sale
2 cucchiai di aceto di vino di riso
125 g di salmone affumicato, trota o tonno fresco
1 cetriolo piccolo sbucciato
½ avocado piccolo (facoltativo)
4 fogli di alga nori
Wasabi a piacere
3 cucchiai di zenzero in salamoia o di verdure
shoshoyu per il condimento

1 Lavate il riso in acqua fredda fino a quando l'acqua diventerà chiara, poi scolatelo bene. Mettete il riso e l'acqua in una pentola di media grandezza. Portate a ebollizione, abbassate la fiamma e fate sobbollire, senza coprire, per 4–5 minuti, finché il riso avrà assorbito l'acqua. Coprite, abbassate la fiamma al minimo e proseguite la cottura per altri 4–5 minuti. Fuori dal fuoco, lasciate intiepidire il riso, coperto, per 10 minuti.

2 Aggiungete lo zucchero, il sale e l'aceto e mescolate con un cucchiaio di legno.

3 Tagliate il salmone a listerelle e il cetriolo e l'avocado a fiammifero, ricavandone listerelle lunghe circa 5 cm. Mettete un foglio di nori su un piatto da sushi, o su un pezzo di carta oleata, e sistematelo su una superficie piana. Distribuite un quarto del riso su circa metà del nori, lasciando 2 cm di bordo attorno ai lati. Mettete una piccola quantità di Wasabi al centro del riso e sovrapponetevi un quarto del pesce, del cetriolo, dell'avocado e dello zenzero, oppure delle verdure.

4 Usando il piatto da sushi o la carta oleata come guida, arrotolate il nori partendo dal lato inferiore avvolgendo il riso attorno agli altri ingredienti. Premete sui lati del rotolo per sigillarlo e, servendovi di un coltello elettrico o di uno ben affilato, ricavate rotelle di 2,5 cm. Ripetete l'operazione con gli ingredienti rimasti. Servite il sushi condito con lo shoshoyu e, a piacere, con il Wasabi.

Disponete un quarto del riso su una metà del foglio di nori.

Partendo dalla base, arrotolate il nori avvolgendo il ripieno.

Tempura di gamberi e verdure

TEMPO DI PREPARAZIONE: 40 minuti
TEMPO DI COTTURA: 15 minuti
PER 4 persone

20 gamberi grandi
farina o tempura per infarinare
215 g di farina tempura
440 ml di acqua ghiacciata
2 tuorli d'uovo
abbondante olio per friggere
1 zucchina grande a listerelle
1 peperone rosso a listerelle
1 cipolla ad anelli
shoshoyu (salsa di soia giapponese) per condire

1 Sgusciate i gamberi lasciando intatte le code. Eliminate il filamento nero sul dorso, poi praticate quattro incisioni superficiali sulla parte inferiore di ogni gambero perché non si arriccino durante la cottura.

2 Infarinate leggermente i gamberi, tranne la coda. Riunite in un recipiente la farina tempura, l'acqua e i tuorli e lavorateli delicatamente. Utilizzate subito la pastella, che deve risultare granulosa.

3 Scaldate l'olio in una padella dai bordi alti, o in un wok. Immergete i gamberi nella pastella, lasciando fuori la coda, e passateli velocemente in padella. Quando saranno leggermente dorati, scolateli con cura su carta assorbente da cucina. Proseguite nello stesso modo con i bastoncini di verdura, friggendone 2–3 pezzi alla volta. Se volete, potete aggiungere listerelle di zenzero fresco allo shoshoyu.

Praticate quattro incisioni nella parte inferiore dei gamberi.

Mescolate l'impasto con le bacchette o un cucchiaio di legno.

Immergete i gamberi nella pastella tenendoli per la coda.

Sashimi (pesce crudo)

TEMPO DI PREPARAZIONE: 30 minuti
PER 4 persone

500 g di pesce molto fresco: tonno, salmone, pesce re, trota, dentice o cernia
1 carota spuntata e raschiata per guarnire
1 daikon pulito per guarnire
shoshoyu (salsa di soia giapponese) come accompagnamento
Wasabi come accompagnamento

1 Pulite il pesce ed eliminate la pelle servendovi di un coltello dalla lama piatta e affilata. Mettete il pesce nel congelatore finché sarà abbastanza compatto da poter essere tagliato a fettine di circa 5 mm di spessore, facendo attenzione a non sciuparlo.

2 Tagliate la carota e il daikon a listerelle sottili, oppure alla julienne.

3 Disponete il sashimi su un piatto da portata e guarnitelo con le listerelle di carota e daikon. Servite subito accompagnando con lo shoshoyu e il Wasabi a parte.

Eliminate la pelle del pesce con un coltello piatto e affilato.

Tagliate il pesce a fettine dello spessore di circa 5 mm.

Tagliate la carota e il daikon alla julienne.

Minestra di tofu e miso

TEMPO DI PREPARAZIONE: 15 minuti
TEMPO DI COTTURA: 7 minuti
PER 4 persone

250 g di tofu compatto
1 cipollina novella
1 litro di acqua
80 g di dashi in polvere
100 g di miso
1 cucchiaio di mirin

1 Tagliate il tofu a dadini di 1 cm servendovi di un coltello ben affilato. Affettate la cipolla in senso trasversale. Mettete da parte gli ingredienti.

2 Utilizzando un cucchiaio di legno, mescolate l'acqua e il dashi in una piccola pentola e portate a ebollizione. Lavorate il miso e il mirin e versateli nella pentola. Regolate la fiamma a fuoco medio e mescolate il miso, facendo attenzione a non far bollire il composto una volta che il miso si è sciolto (se la temperatura è troppo alta, la preparazione perderà sapore). Aggiungete il tofu a dadini e proseguite la cottura, sempre a fuoco medio e senza portare a ebollizione, per 5 altri minuti. Distribuite la minestra nelle fondine, guarnite con la cipolla e servite.

Tagliate il tofu a dadini con un coltello affilato.

Versate l'acqua e il dashi in una pentola e mescolate.

Amalgamate il miso e il mirin in un recipiente piccolo.

Yakitori (spiedini di pollo)

TEMPO DI PREPARAZIONE: 20 minuti + ammollo
TEMPO DI COTTURA: 10 minuti
PER 25 spiedini

1 kg di cosce di pollo
125 ml di sakè
185 ml di shoshoyu (salsa di soia giapponese)
125 ml di mirin
2 cucchiai di zucchero
10 cipolline novelle tagliate a tocchetti di 2 cm

1 Sistemate 25 spiedini di legno in un recipiente, copriteli a filo con acqua e lasciateli in ammollo per circa 20 minuti, quindi scolateli e metteteli da parte.

2 Tagliate le cosce di pollo a piccoli pezzi. Mescolate il sakè, lo shoshoyu, il mirin e lo zucchero in un pentolino e portate il composto a ebollizione.

3 Infilate i pezzi di pollo negli spiedini, alternandoli ai tocchetti di cipolla. Cuocete gli spiedini su una griglia precedentemente riscaldata per 7–8 minuti, avendo cura di girarli spesso e spennellarli con la salsa preparata. Disponete gli spiedini su un piatto di portata, guarnite con riccioli di cipolla o ciuffetti di erbe aromatiche, e servite subito.

Usate un coltello affilato per tagliare il pollo a piccoli pezzi.

Infilate il pollo negli spiedini, alternandolo alla cipolla.

Spennellate spesso il pollo con la salsa durante la cottura.

Pho di manzo

TEMPO DI PREPARAZIONE: 45 minuti
TEMPO DI COTTURA: 4 ore e 10 minuti
PER 4 persone

1 kg di ossa di stinco di manzo
350 g di manzo
1 pezzo di zenzero lungo 5 cm tagliato a fette
1 cucchiaino di sale
2,5 l di acqua
6 grani di pepe nero
1 stecca di cannella
4 chiodi di garofano
6 semi di coriandolo
2 cucchiai di salsa di pesce
400 g di tagliolini di riso freschi
150 g di scamone a fette sottili
3 cipolline novelle tritate
1 cipolla media ad anelli sottili
7 g di foglie di coriandolo fresco (facoltativo)
salsa al peperoncino o hoisin (facoltativa)
peperoncini rossi a pezzi, germogli di soia, foglie di basilico tailandese, cipolline novelle ad anelli e fettine di lime per accompagnare

1 Mettete lo stinco, il manzo, lo zenzero, il sale e l'acqua in una pentola. Portate a ebollizione, poi abbassate la fiamma e fate sobbollire per 3 ore e 30 minuti, schiumando di tanto in tanto il brodo. Aggiungete il pepe, la cannella, i chiodi di garofano, il coriandolo e la salsa di pesce e proseguite la cottura per altri 40 minuti. Togliete il manzo e lasciatelo raffreddare. Filtrate il brodo eliminando le ossa e le spezie e rimettetelo nella pentola. Quando il manzo è sufficientemente freddo, tagliatelo a fette molto sottili e mettetele da parte.

2 Al momento di servire, sbollentate brevemente i tagliolini perché si ammorbidiscano senza però disfarsi. Scolateli con cura e distribuiteli nelle fondine individuali.

3 Disponete gli ingredienti per accompagnare sul fondo di un piatto di portata. Dopo aver portato velocemente il brodo di manzo a ebollizione, sistemate qualche fetta di manzo sopra i tagliolini e aggiungete alcune fette di scamone crudo. Irrorate con il brodo ben caldo e cospargete con le cipolline tritate, gli anelli di cipolla e, eventualmente, le foglie di coriandolo. Se volete, potete insaporire con la salsa al peperoncino o lo hoisin. Servite con l'accompagnamento a parte.

Preparate gli ingredienti per accompagnare il piatto.

Filtrate il brodo con un colino, conservando solo il liquido.

Pollo al curry

TEMPO DI PREPARAZIONE: 30 minuti
TEMPO DI COTTURA: 1 ora
PER 4 persone

1,5 kg di pollo a pezzi (cosce, petto, ali)
2 cucchiai di olio
4 spicchi di aglio tritati
1 pezzetto di zenzero lungo 5 cm tritato
2 gambi di lemon grass (solo la parte bianca) a fettine
2 cucchiaini di peperoncini secchi a pezzi
2 cucchiaini di curry in polvere
2 cipolle a pezzi
2 cucchiaini di zucchero
1 cucchiaino di sale
375 ml di latte di cocco
125 ml di acqua
steli di erba aglina interi, coriandolo in foglie e arachidi tostate per guarnire

1 Servendovi di un coltello di grosse dimensioni o di una mannaia da cucina, dividete ogni pezzo di pollo in due parti, tagliando anche l'osso, quindi tamponateli con carta assorbente.

2 Riscaldate l'olio in una padella grande per friggere. Aggiungete l'aglio, lo zenzero, la lemon grass, il peperoncino e il curry e fate cuocere per 3 minuti a fuoco medio, mescolando continuamente. Unite i pezzi di pollo, la cipolla, lo zucchero e il sale, mescolate delicatamente e lasciate cuocere, coperto, per 8 minuti. Quando la cipolla sarà appassita, mescolate con cura per coprire tutti i pezzi di pollo con l'impasto di curry. Coprite di nuovo e terminate la cottura per 15 minuti, a fuoco basso, finché il pollo sarà brasato e avrà rilasciato il suo sugo.

3 Versate nella padella il latte di cocco e l'acqua e portate a ebollizione, mescolando di tanto in tanto. Abbassate la fiamma e fate sobbollire, senza coperchio, per 30 minuti, finché il pollo diventerà tenero. Guarnite con l'erba aglina, il coriandolo e le arachidi e servite.

Tagliate ogni pezzo di pollo in due parti.

Mescolate il pollo per condirlo con l'impasto al curry.

Versate il latte di cocco e l'acqua e amalgamate.

Anatra brasata ai funghi

TEMPO DI PREPARAZIONE: 30 minuti + ammollo
TEMPO DI COTTURA: 1 ora e 10 minuti
PER 6 persone

15 g di funghi secchi cinesi a fettine
1,5 kg di anatra
2 cucchiaini di olio
2 cucchiai di salsa di soia
2 cucchiai di vino di riso
2 cucchiaini di zucchero
2 larghe strisce di scorza di arancia più altre per guarnire
125 g di crescione

1 Fate rinvenire i funghi in acqua calda per 20 minuti e scolateli.

2 Con un coltello grande o una mannaia, tagliate l'anatra a piccoli pezzi (anche l'osso). Disponete la carne in una pirofila e versatevi sopra acqua bollente, poi scolatela, asciugatela con carta assorbente da cucina e mettetela da parte.

3 Spennellate con l'olio il fondo di una padella per friggere e riscaldatela a fuoco medio. Unite in due o tre tempi i pezzi di anatra e fateli dorare, girandoli di tanto in tanto, per 8 minuti. Ogni volta, prima di aggiungere la carne, togliete dalla padella l'olio in eccesso usando carta assorbente da cucina.

4 Terminata la cottura, eliminate di nuovo l'olio in eccesso dalla padella e rimetteteci i pezzi di anatra. Aggiungete la salsa di soia, il vino di riso, lo zucchero, la scorza di arancia e i funghi. Portate gli ingredienti a ebollizione, riducete la fiamma e fate sobbollire, coperto, per 35 minuti, finché l'anatra sarà diventata tenera, avendo cura di schiumare l'olio che sale in superficie. Togliete la scorza di arancia e condite con sale e pepe, poi coprite e lasciate insaporire per 10 minuti prima di servire. Disponete le cimette di crescione su un piatto da portata, sistematevi accanto i pezzi di anatra e velateli con il fondo di cottura. Guarnite con riccioli di scorza di arancia e servite.

Tagliate l'anatra a pezzi con un coltello o una mannaia.

Fate dorare i pezzi di anatra a fuoco medio, girandoli.

Unite la salsa di soia, il vino, lo zucchero, l'arancia e i funghi.

Pesce con cipolle e zenzero

TEMPO DI PREPARAZIONE: 25 minuti
+ 20 minuti di marinatura
TEMPO DI COTTURA: 25 minuti
PER 4–6 persone

1 pesce a carni bianche da 750 g, ben sodo ed eviscerato
2 cucchiaini di grani di pepe verde schiacciati
2 cucchiaini di peperoncino a pezzetti
3 cucchiaini di salsa di pesce
2 cucchiaini di olio
1 cucchiaio di olio
2 cipolle medie ad anelli
1 pezzetto di zenzero lungo 4 cm a fettine sottili
3 spicchi di aglio a lamelle
2 cucchiaini di zucchero
4 cipolline novelle alla julienne
salsa di limone e aglio per condire (p. 69)

1 Lavate con cura il pesce e asciugatelo con carta assorbente da cucina. Praticate due incisioni trasversali su ogni lato del pesce, nel punto in cui le carni sono più spesse. Mettete il pepe, il peperoncino e la salsa di pesce nel bicchiere del frullatore e frullate fino a ottenere un composto dalla consistenza omogenea, versatelo sul pesce e lasciate marinare per 20 minuti.

2 Scaldate una griglia e spennellatela con l'olio. Fate cuocere il pesce 8 minuti per parte, finché si sarà ammorbidito.

3 Nel frattempo, scaldate l'olio rimasto in una padella, aggiungete la cipolla e fatela soffriggere a fuoco medio, mescolando. Unite lo zenzero, l'aglio e lo zucchero e proseguite la cottura per altri 3 minuti. Disponete il pesce su un piatto da portata, velatelo con la salsa preparata e cospargetelo con le cipolline alla julienne. Servite subito, accompagnando con la salsa di limone e aglio, oppure con fette di limone o di lime.

Praticate due incisioni su entrambi i lati del pesce.

Spennellate il pesce con il condimento al peperoncino.

Fate soffriggere la cipolla a fuoco medio, mescolando.

Riso fritto

TEMPO DI PREPARAZIONE: 40 minuti
TEMPO DI COTTURA: 15–20 minuti
PER 4 persone

555 g di riso lessato e fatto raffreddare
3 uova
¼ di cucchiaino di sale
125 ml di olio
1 cipolla grande tritata
6 cipolline novelle ad anelli
4 spicchi di aglio tritati
1 pezzetto di zenzero lungo 5 cm grattugiato
2 peperoncini privati dei semi e tritati
250 g di lombata di maiale a dadini
125 g di salsicce cinesi secche a fette sottili
100 g di fagiolini a pezzetti
100 g di carote a dadini
½ peperone rosso grande a dadini
2 cucchiaini di zucchero
3 cucchiai di salsa di pesce
2 cucchiai di salsa di soia
foglie di coriandolo fresco per guarnire

1 Se necessario, versate 2 cucchiai di acqua sul riso e saparate i chicchi servendovi di una forchetta.

2 Sbattete insieme le uova e il sale fino a ottenere un impasto schiumoso. Scaldate 1 cucchiaio di olio in un wok, ungendo bene anche i bordi. Versatevi l'uovo sbattuto e cuocete a fuoco medio, per 2–3 minuti, mescolando, finché l'uovo si sarà rappreso, poi toglietelo dal wok e mettetelo da parte.

3 Tamponate il wok con carta assorbente da cucina e rimettetelo sul fuoco. Aggiungete 1 cucchiaio di olio e, quando è caldo, fatevi rosolare la cipolla, le cipolline, l'aglio, lo zenzero e i peperoncini per 7 minuti, mescolando regolarmente, quindi togliete le verdure dal wok. Fate scaldare 1 cucchiaio di olio, saltate il maiale e la salsiccia per 3–4 minuti e toglieteli dal wok.

4 Mettete l'olio rimasto nel wok, ungendo anche i bordi. Unite i fagiolini, le carote e il peperone e fateli soffriggere per 1 minuto a fuoco alto, mescolando. Aggiungete il riso, mescolate con cura per amalgamarlo e fatelo tostare per 2 minuti. Mettete nel wok il composto di verdure e quello di carne, lo zucchero, la salsa di pesce e la salsa di soia. Aggiustate di sale e mescolate per 30 secondi, poi versate l'uovo sbattuto e mescolate di nuovo. Guarnite il riso con le foglie di coriandolo e servite.

Fate rapprendere le uova sbattute mescolando.

Rosolate il maiale e la salsiccia nel wok.

Laksa Lemak (tagliolini di riso con frutti di mare in brodo piccante)

TEMPO DI PREPARAZIONE: 1 ora + ammollo
TEMPO DI COTTURA: 1 ora
PER 4 persone

4–5 peperoncini grossi secchi
500 g di gamberi
1,5 l di acqua
1 cipolla rossa a pezzi
1 pezzetto di galangal lungo 5 cm sbucciato e tagliato a pezzi
4 gambi di lemon grass (solo la parte bianca) a pezzetti
3 peperoncini di media dimensione privati dei semi e tagliati a pezzi
10 noci aleurite
2 cucchiaini di pasta di gamberetti
2 cucchiaini di curcuma fresca grattugiata
3 cucchiai di olio
500 ml di latte di cocco
8 crocchette di pesce fritte a fette
500 g di tagliolini di riso freschi
1–2 cetrioli a listerelle sottili
100 g di germogli di soia senza le punte
10 g di foglie di menta vietnamita

1 Mettete in ammollo i peperoncini in acqua calda per 20 minuti e, nel frattempo, preparate il brodo.

2 Tenete da parte 4 gamberi e sgusciate gli altri, conservando tutti gli scarti. Mettete questi ultimi in una pentola dai bordi alti e fateli cuocere per 10 minuti, senza coperchio e a fuoco medio, mescolando di tanto in tanto: gli scarti acquisteranno un colore arancio scuro e sprigioneranno il loro aroma. Versate 250 ml di acqua, mescolate e lasciatela evaporare, poi allungate la preparazione con altri 250 ml di acqua, portate a ebollizione e unite l'acqua rimasta. Versando lentamente l'acqua all'inizio della cottura, il brodo acquisterà un colore scuro e assorbirà tutti gli aromi. Portare il brodo a ebollizione, abbassate la fiamma, e fate sobbollire per 30 minuti, senza coperchio. Mettete nella pentola i 4 gamberi tenuti da parte e proseguite la cottura finché diventeranno rosa, poi scolateli con una schiumarola. Filtrate il brodo ed eliminate tutte le parti solide.

Fate rinvenire i peperoncini in acqua calda per 20 minuti.

Versate nella pentola 250 ml di acqua e fatela evaporare.

Filtrate il brodo con un colino e scartate le parti solide.

3 Scolate i peperoncini e metteteli nel bicchiere del frullatore, unite la cipolla, il galangal, la lemon grass, i peperoncini freschi, la pasta di gamberetti, le noci, la curcuma e 2 cucchiai di olio. Frullate fino a ottenere un composto dalla consistenza omogenea, raschiando ogni tanto con una spatola l'impasto che rimane attaccato alle pareti del bicchiere.

4 Riscaldate l'olio rimasto in un wok, versatevi il composto preparato e fate cuocere per 8 minuti, a fuoco basso, mescolando regolarmente. Versate nel wok il brodo e il latte di cocco e mescolate. Portate a ebollizione, quindi abbassate la fiamma e fate sobbollire per 5 minuti. Aggiungete i gamberi e le fette di crocchette di pesce e continuate a far sobbollire finché i gamberi diventeranno rosa.

5 A parte, tuffate i tagliolini in acqua in ebollizione e sbollentateli brevemente, perché si ammorbidiscano senza però disfarsi. Scolateli con cura e suddivideteli nelle fondine individuali.

6 Versate il brodo distribuendolo sui tagliolini, guarnite ogni fondina con un po' di cetriolo, di germogli di soia e di foglie di menta e terminate con i gamberi interi. Servite subito. Disponete le verdure della guarnizione rimaste in un piatto di portata e servitele a parte come accompagnamento.

Frullate gli ingredienti per un composto aromatico.

Aggiungete i gamberi e le crocchette di pesce a fette.

Sbollentate per 30 secondi i tagliolini di riso.

Curry di manzo al cocco

TEMPO DI PREPARAZIONE: 1 ora
+ 30 minuti di riposo
TEMPO DI COTTURA: 2 ore
PER 4 persone

350 g di bistecca
6 peperoncini secchi
135 g di cocco essiccato
1 cipolla media a pezzi
3 spicchi di aglio
2 gambi di lemon grass (solo la parte bianca)
1 pezzetto di galangal lungo 3 cm a fette
1 pezzetto di zenzero lungo 2 cm a fette
1 cucchiaio di coriandolo in polvere
2 cucchiaini di cumino in polvere
1 cucchiaino di curcuma in polvere
1 cucchiaino di pasta di gamberetti
1 cucchiaino di scorza di lime grattugiata
3 cucchiai di olio
250 ml di latte di cocco
1 cucchiaio di kecap manis (salsa di soia dolce)
1 cucchiaio di concentrato di tamarindo
¼ di cucchiaino di sale
2 cipolline novelle ad anelli per guarnire

1 Mettete la carne in una pentola di medie dimensioni, copritela con acqua e portate a ebollizione. Abbassate la fiamma e fate sobbollire per 1 ora e 30 minuti. Nel frattempo, sistemate i peperoncini in un recipiente, copriteli con acqua bollente e lasciateli in ammollo per 15 minuti. Disponete il cocco in una pirofila e fatelo tostare per 10 minuti nel forno preriscaldato a 150° C (gas 2), girandolo di tanto in tanto e, quando sarà dorato, toglietelo dalla pirofila.

2 Scolate i peperoncini e metteteli nel bicchiere del frullatore. Unite la cipolla, l'aglio, la lemon grass a fettine, il galangal, lo zenzero, il cumino, il coriandolo, la curcuma, la pasta di gamberetti e la scorza di lime. Frullate fino a ottenere un composto omogeneo, allungando con 2 cucchiai di olio, e trasferitelo in un recipiente.

3 Fate raffreddare la carne per 20 minuti e tagliatela a rettangoli, mettetela nel recipiente con l'impasto preparato e fatela marinare per 10 minuti.

4 Riscaldate l'olio rimasto in un wok e fate rosolare la carne, senza scolarla dalla marinata. Unite il latte di cocco, il kecap manis, il tamarindo e il sale, mescolate e fate cuocere per 8 minuti, finché il composto si sarà addensato. Mettete il cocco tostato nel wok e mescolate. Decorate con le cipolle ad anelli e servite accompagnando con riso al vapore e verdure crude.

Fate marinare la carne per 10 minuti nel composto preparato.

Unite il cocco tostato e scuotete il wok per distribuirlo.

Nasi Goreng (riso fritto)

TEMPO DI PREPARAZIONE: 35 minuti
TEMPO DI COTTURA: 25–30 minuti
PER 4 persone

2 uova
¼ di cucchiaino di sale
80 ml di olio
3 spicchi di aglio tritati
1 cipolla bionda tritata
2 peperoncini privati dei semi e tritati
1 cucchiaino di pasta di gamberetti
1 cucchiaino di semi di coriandolo
½ cucchiaino di zucchero
200 g di scamone a dadini
200 g di gamberi
555 g di riso lessato e fatto raffreddare
2 cucchiaini di kecap manis
(salsa di soia dolce)
1 cucchiaio di salsa di soia
4 cipolline novelle tritate
½ cespo di lattuga a listerelle
1 cetriolo sbucciato e tagliato in due
3 cucchiai di cipolle fritte croccanti

1 Sbattete insieme uova e sale. Riscaldate una padella a fuoco medio e spennellatene il fondo con 1 cucchiaio di olio. Versatevi circa un quarto delle uova sbattute e fatele cuocere per 1–2 minuti, finché saranno rapprese. Girate la frittata e fate cuocere ancora per 30 secondi. Ripetete l'operazione con il resto delle uova. Lasciate raffreddare le frittate, poi arrotolatele, tagliatele a listerelle e mettetele da parte.

2 Frullate la cipolla, l'aglio, i peperoncini, la pasta di gamberetti, il coriandolo e lo zucchero fino a ottenere una pasta dalla consistenza omogenea.

3 Riscaldate un wok, o una padella per friggere, a fuoco alto, versatevi 1 cucchiaio di olio e friggete l'impasto per 1 minuto, finché diventerà croccante. Unite la carne e i gamberi e fateli saltare fino a quando cambieranno colore.

4 Alzate la fiamma e, quando il wok è caldo, aggiungete l'olio rimasto e il riso. Friggete mescolando ed eliminando eventuali grumi. Unite il kecap manis, la salsa di soia e le cipolle e terminate la cottura per 1 minuto.

5 Disponete la lattuga ad anello in un piatto da portata, sistematevi al centro il riso e guarnite con le strisce di frittata, il cetriolo e le cipolle fritte.

Frullate la cipolla, l'aglio, i peperoncini, la pasta di gamberetti, il coriandolo e lo zucchero.

Fate rosolare la carne e i gamberetti.

Tagliolini di riso fritti

TEMPO DI PREPARAZIONE: 30 minuti
TEMPO DI COTTURA: 15 minuti
PER 4 persone

2 salsicce di maiale cinesi secche
2 cucchiai di olio
2 spicchi di aglio tritati
1 cipolla media tritata
3 peperoncini privati dei semi e tritati
250 g di maiale cinese grigliato a dadini
200 g di gamberi
500 g di tagliolini di riso freschi
150 g di erba aglina a pezzetti
2 cucchiai di kecap manis
(salsa di soia dolce)
3 uova leggermente sbattute
1 cucchiaio di aceto di vino di riso
100 g di germogli di soia senza le punte

1 Tagliate in diagonale le salsicce di maiale a fettine molto sottili. Riscaldate l'olio in un wok, o in una padella per friggere. Friggete la salsiccia, mescolando regolarmente finché sarà dorata e croccante, scolatela e tamponatela con carta assorbente da cucina.

2 Riscaldate l'olio di frittura, aggiungete l'aglio, la cipolla, i peperoncini e i dadini di maiale e fateli saltare per 2 minuti. Aggiungete i gamberi e mescolate continuamente, finché cambieranno colore. Unite i tagliolini, l'erba aglina e il kecap manis, mescolate e proseguite la cottura per 1 minuto, fino a quando i tagliolini si saranno ammorbiditi. Versate le uova e l'aceto leggermente emulsionati e mescolate per 1 minuto, facendo attenzione che i tagliolini non cuociano troppo.

3 Aggiungete i germogli di soia e mescolate. Disponete il composto su un piatto da portata, distribuitevi le fettine di salsiccia e mescolate brevemente. Servite subito, guarnendo a piacere con erba aglina.

Tagliate il maiale grigliato a dadini.

Scolate la salsiccia e asciugatela con carta assorbente.

Versate le uova e l'aceto nell'impasto e mescolate.

Spezzatino di pollo e zucca

TEMPO DI PREPARAZIONE: 30 minuti
TEMPO DI COTTURA: 50 minuti
PER 4–6 persone

100 g di riso a chicco lungo
2 cucchiai di olio
1 kg di pollo a pezzi
3 spicchi di aglio schiacciati
3 cucchiai di lemon grass (solo la parte bianca) tritata
2 cucchiaini di curcuma fresca grattugiata o 1 cucchiaino di curcuma macinata
2 cucchiaini di galangal grattugiato
6 foglie di lime kaffir sminuzzate
6 cipolline novelle a pezzetti
1 l di brodo di pollo
500 g di zucca a dadini
1 papaya verde piccola sbucciata e a pezzi
125 g di fagiolini lunghi a pezzi

1 Distribuite il riso sul fondo di una pirofila e fatelo tostare in forno preriscaldato a 180° C (gas 4) per 15 minuti, finché sarà dorato. Fatelo raffreddare a temperatura ambiente e frullatelo con cura per ottenere un composto dalla consistenza liscia e omogenea.

2 Riscaldate l'olio in una pentola grande e fatevi dorare i pezzi di pollo, pochi alla volta, per 5 minuti, poi scolateli e tamponateli con carta assorbente da cucina.

3 Aggiungete l'aglio, la lemon grass, la curcuma, il galangal, le foglie di lime kaffir e la cipolla e fate cuocere per 3 minuti a fuoco medio. Rimettete il pollo nella pentola, versatevi il brodo e fate sobbollire, coperto, per 20 minuti. Aggiungete la zucca e la papaya e fate sobbollire per altri 10 minuti, poi unite i fagiolini e fate sobbollire ancora per 10 minuti, finché il pollo sarà diventato tenero. Aggiungete il riso, mescolate e portate ad ebollizione. Abbassate la fiamma e fate sobbollire per 5 minuti, finché il composto si sarà addensato. Decorate con alcune foglie di lime kaffir e servite.

Fate dorare i pezzi di pollo in una grande pentola.

Aggiungete la zucca e la papaya a pezzi.

Unite il riso frullato e mescolate con cura per amalgamare.

Gamberi in foglie di banana

TEMPO DI PREPARAZIONE: 30 minuti
TEMPO DI COTTURA: 15 minuti
+ 2 ore di marinatura
PER 4 persone

- 1 pezzetto di zenzero lungo 2,5 cm grattugiato
- 2 peperoncini piccoli tritati
- 4 cipolline novelle tritate
- 2 gambi di lemon grass (solo la parte bianca) a fettine
- 2 cucchiaini di zucchero di canna
- 1 cucchiaio di salsa di pesce
- 2 cucchiai di succo di lime
- 1 cucchiaio di semi di sesamo tostati
- 2 cucchiai di foglie di coriandolo sminuzzate
- 1 kg di gamberi sgusciati e privati del filamento nero interno
- 8 foglie di banana piccole

1 Riunite lo zenzero, i peperoncini, le cipolline e la lemon grass nel bicchiere del frullatore e frullate brevemente, più volte, fino a ottenere un composto dalla consistenza omogenea. Trasferite l'impasto in un recipiente, aggiungete lo zucchero, la salsa di pesce, il succo di lime, i semi di sesamo e il coriandolo e mescolate bene. Unite i gamberi, mescolate per amalgamarli, coprite e lasciate marinare in frigorifero per 2 ore.

2 Sistemate le foglie di banana in un recipiente, copritele a filo con acqua bollente e lasciatele ammorbidire per 3 minuti. Scolatele e asciugatele con carta da cucina, apritele per stenderle e, servendovi di un paio di forbici, ricavatene quadrati di circa 18 cm di lato.

3 Dividete l'impasto in otto parti, distribuitelo sulle foglie di banana, arrotolatele per avvolgere il ripieno e chiudetele con uno stecchino.

4 Cuocete a vapore in un cestello di bambù per 8–10 minuti, finché il ripieno di gamberi sarà cotto.

Stendete le foglie di banana e tagliatele in pezzi quadrati.

Arrotolate le foglie sul ripieno e fissatele con uno stecchino.

Minestra di pesce e tagliolini

TEMPO DI PREPARAZIONE: 15 minuti
TEMPO DI COTTURA: 20 minuti
PER 4 persone

200 g di vermicelli di riso secchi
1 cucchiaio di olio
1 pezzetto di zenzero lungo 2,5 cm grattugiato
3 peperoncini piccoli, tagliati finemente
4 cipolline novelle a pezzetti
800 ml di latte di cocco
2 cucchiai di salsa di pesce
2 cucchiai di passata di pomodoro
500 g di filetti di pesce bianco a dadini di 2 cm
2 fette di prosciutto cotto spesse a dadini
150 g di fagiolini lunghi a pezzetti
180 g di germogli di soia senza le punte
20 g di foglie di menta fresca
80 g di arachidi tostate non salate

1 Coprite i vermicelli di riso con acqua in ebollizione, teneteli in ammollo per 5 minuti e scolateli.

2 Riscaldate l'olio in una grande padella per friggere con il fondo spesso, aggiungete lo zenzero, i peperoncini e le cipolle e fate cuocere per 3 minuti a fuoco medio, finché la cipolla sarà dorata.

3 Versate nella padella il latte di cocco, la salsa di pesce e la passata di pomodoro, mescolate e lasciate sobbollire, coperto, per 10 minuti.

4 Aggiungete i dadini di pesce, il prosciutto e i fagiolini e fate sobbollire per 10 minuti, finché il pesce sarà diventato tenero. Suddividete i vermicelli nelle fondine individuali e distribuitevi i germogli di soia e le foglie di menta. Versate la minestra nelle fondine e spolverizzate con le arachidi.

Fate rosolare lo zenzero, i peperoncini e le cipolle.

Unite il latte di cocco, la salsa di pesce e la passata.

Aggiungete i dadini di pesce, il prosciutto e i fagiolini.

Manzo e insalata di papaya

TEMPO DI PREPARAZIONE: 40 minuti
+ 4 ore di marinatura
TEMPO DI COTTURA: 5 ore
PER 6 persone

1 kg di controgirello parzialmente congelato
2 cucchiaini di sale
¼ di cucchiaino di peperoncino in polvere
1 cucchiaino di pepe nero macinato
1 cucchiaio di zucchero di canna
4 spicchi di aglio schiacciati
2 cucchiaini di olio di sesamo
1 cucchiaio di olio di arachidi

Insalata di papaya verde
1 papaya verde piccola sbucciata e privata dei semi
1 carota
2 spicchi di aglio schiacciati
1 pezzetto di zenzero lungo 6 cm grattugiato
2 peperoncini piccoli tritati
2 cucchiai di salsa di pesce
4 foglie di lime kaffir sminuzzate
1 cucchiaio di succo di lime
2 cucchiaini di zucchero di canna
1 cucchiaino di olio di sesamo
30 g di foglie fresche di coriandolo
160 g di arachidi tostate non salate

1 Togliete il grasso in eccesso dal controgirello, poi tagliatelo a fette dello spessore di 2,5 mm e ricavatene listerelle. Emulsionate in un recipiente il sale, il peperoncino in polvere, il pepe, lo zucchero, l'aglio, l'olio di sesamo e l'olio di arachidi. Aggiungete la carne e, con le dita, mescolatela bene con l'emulsione. Mettete in frigorifero e lasciate marinare, coperto, per 4 ore.

2 Disponete le listerelle su una graticola e lasciate cuocere in forno preriscaldato a 120° C (gas ½) per 5 ore, finché la carne risulterà asciutta.

3 Al momento di servire, riscaldate brevemente la carne e accompagnatela con l'insalata di papaya.

4 Preparate l'insalata di papaya: tagliate la papaya e la carota alla julienne e mettetele in un recipiente. Aggiungete gli altri ingredienti e mescolate con cura. Servite subito.

Usate le dita per condire la carne con l'emulsione.

Mettete la carne su una griglia e fatela cuocere in forno.

Tagliolini di Singapore

TEMPO DI PREPARAZIONE: 35 minuti + ammollo
TEMPO DI COTTURA: 15–20 minuti
PER 2–4 persone

300 g di vermicelli di riso secchi
2 cucchiai di olio
2 spicchi di aglio tritati
350 g di lombo di maiale a listerelle
300 g di gamberi
1 cipolla grande a spicchi sottili
1–2 cucchiai di curry in polvere
155 g di fagiolini a pezzetti
1 carota grande tagliata a fiammifero
1 cucchiaino di zucchero di canna
1 cucchiaino di sale
1 cucchiaio di salsa di soia
200 g di germogli di soia senza le punte
cipolline novelle alla julienne per decorare (facoltativo)

1 Tuffate i vermicelli in una pentola di acqua in ebollizione e lessateli per 5 minuti, finché saranno diventati morbidi, quindi scolateli con cura.

2 Riscaldate 1 cucchiaio di olio in un wok e aggiungete l'aglio, il maiale e i gamberi. Fate saltare per 2 minuti a fuoco alto, poi togliete gli ingredienti dal wok e abbassate la fiamma.

3 Riscaldate l'olio rimasto nel wok, unite la cipolla e il curry e fate rosolare per 2–3 minuti, mescolando. Aggiungete i fagiolini, la carota, lo zucchero e il sale, spruzzate un po' di acqua e proseguite la cottura per altri 2 minuti.

4 Trasferite i vermicelli nel wok, versate la salsa di soia e mescolate con due cucchiai di legno per fare insaporire. Aggiungete i germogli di soia e il composto di maiale e gamberi, condite con sale, pepe e zucchero, e mescolate con cura. Guarnite con le cipolline novelle alla julienne e servite.

Fate imbiondire la cipolla con il curry per 2–3 minuti.

Spruzzate un po' di acqua sulle verdure e fatele cuocere.

Unite i germogli di soia e il composto di maiale e gamberi.

Riso al cocco

TEMPO DI PREPARAZIONE: 5 minuti
+ 45 minuti di riposo
TEMPO DI COTTURA: 1 ora e 5 minuti
PER 4 persone

500 g di riso a chicco lungo
375 ml di latte di cocco
1 cucchiaino di sale

1 Versate 500 ml di acqua in un wok. Foderate il fondo di un grosso cestello di bambù con un foglio di carta da forno e distribuitevi il riso. Portate l'acqua a ebollizione, mettete il cestello sul wok (senza che tocchi l'acqua) e copritelo. Lasciate cuocere a vapore per 35 minuti, girando il riso una volta a metà cottura e, se necessario, aggiungendo acqua nel wok.

2 Riscaldate leggermente il latte di cocco con il sale in una pentola di dimensioni medie. Aggiungete il riso cotto al vapore, portate a ebollizione e mescolate bene. Coprite con un coperchio a misura e togliete dal fuoco. Lasciate riposare per 45 minuti, finché il riso avrà assorbito completamente il latte di cocco.

3 Trasferite il riso nel cestello e coprite. Controllate che ci sia ancora acqua nel wok e fate cuocere a vapore per altri 30 minuti.

Distribuite il riso sul fondo del cestello.

Versate il riso nella pentola con il latte di cocco.

Fate riposare il riso per 45 minuti perché assorba il latte.

Satay di pollo con salsa di arachidi

TEMPO DI PREPARAZIONE: 40 minuti
+ 30 minuti di marinatura
TEMPO DI COTTURA: 15–20 minuti
PER 4 persone

500 g di cosce di pollo disossate e private della pelle
1 cipolla a pezzi
2 gambi di lemon grass
(solo la parte bianca) a fettine
4 spicchi di aglio
2 peperoncini a pezzetti
2 cucchiaini di coriandolo macinato
1 cucchiaino di cumino macinato
½ cucchiaino di sale
1 cucchiaio di salsa di soia
60 ml di olio
1 cucchiaio di zucchero di canna
cetrioli a rondelle e arachidi tostate
sminuzzate per guarnire

Salsa di arachidi
125 g di burro di arachidi
250 ml di latte di cocco
125 ml di acqua
1–2 cucchiai di salsa di peperoncino dolce
1 cucchiaio di salsa di soia
2 cucchiaini di succo di limone

1 Mettete in ammollo 20 spiedini in acqua fredda per 30 minuti. Tagliate il pollo a listerelle lunghe circa 6 cm e larghe 2 cm. Infilate una striscia di carne su ogni spiedino premendola delicatamente per farla aderire.

2 Frullate brevemente la cipolla, la lemon grass, l'aglio, i peperoncini, il coriandolo, il cumino, il sale e la salsa di soia. Se necessario, continuate a frullare velocemente fino a ottenere un impasto morbido, aggiungendo un filo di olio. Versate il composto preparato sul pollo e fate insaporire in frigorifero per 30 minuti.

3 Preparate la salsa di arachidi: unite gli ingredienti in una padella con fondo spesso e portate a ebollizione, a fuoco basso, mescolando. Fuori dal fuoco, la salsa si addenserà.

4 Scaldate una griglia e spennellatela con l'olio. Fate cuocere il pollo 2–3 minuti per parte, bagnatelo con un filo di olio e spolverizzatelo con lo zucchero. Velate con la salsa di arachidi, guarnite con il cetriolo e le arachidi e servite accompagnando con la salsa rimasta.

Infilate un pezzo di carne in ogni spiedino.

In cottura, spruzzate sul pollo olio e zucchero di canna.

Salse e condimenti

SALSA DI BASE

In un piccolo recipiente, stemperate 1 cucchiaino di zucchero in 80 ml di salsa di pesce, mescolando continuamente. Aggiungete 2 cucchiai di aceto di vino di riso, 1 cucchiaio di succo di lime e 2 peperoncini, privati dei semi e tritati. Al momento di servire, grattugiate finemente ½ carota e 1 ravanello sbucciato e mescolateli alla salsa. Senza le verdure e coperta, si conserva in frigorifero fino a 1 settimana, ma deve essere servita a temperatura ambiente. Le dosi indicate sono per 125 ml di salsa.

SALSA DI SEMI DI SESAMO

Tritate 100 g di semi di sesamo bianchi giapponesi tostati fino a ottenere una pasta. Potete servirvi di un mortaio, o di un macinacaffè ben pulito. Se l'impasto risultasse troppo denso, allungatelo con 2 cucchiaini di olio di semi. Unite 125 ml di shoshoyu (salsa di soia giapponese), 2 cucchiai di mirin, 3 cucchiaini di zucchero, ½ cucchiaino di dashi in polvere e 125 ml di acqua tiepida, quindi mescolate con cura per amalgamare gli ingredienti. Coprite, mettete in frigo e consumate entro due giorni. Le dosi indicate sono per 440 ml di salsa.

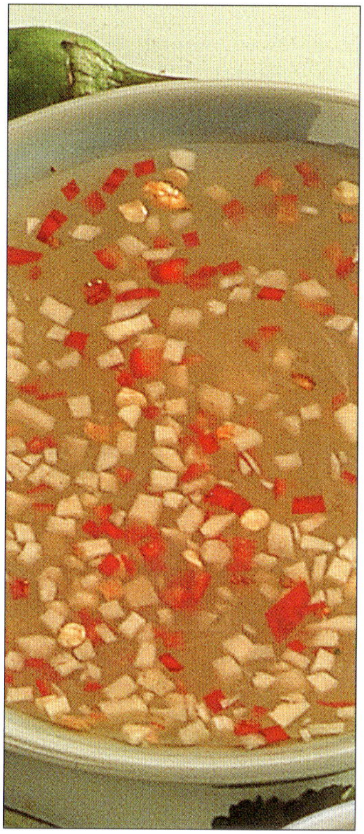

SALSA DI ZENZERO

Sbucciate un pezzo di zenzero fresco lungo 5 cm e grattugiatelo finemente. In un piccolo recipiente, emulsionate 2 cucchiai di zucchero, 2 cucchiai di aceto di vino di riso e 1 cucchiaio di salsa di pesce, finché lo zucchero si sarà sciolto. Unite lo zenzero, 2 cucchiai di coriandolo fresco tritato e 1 peperoncino verde, privato dei semi e tritato. Prima di servire, lasciate raffreddare per 15 minuti. Le dosi indicate sono per 125 ml di salsa.

SALSA DI LIMONE E AGLIO

In un piccolo recipiente, emulsionate 60 ml di succo di limone, 2 cucchiai di salsa di pesce e 1 cucchiaio di zucchero, finché quest'ultimo si sarà sciolto. Aggiungete 2 peperoncini piccoli a pezzetti e 3 spicchi di aglio tritati. Le dosi indicate sono per 185 ml di salsa.

SALSA DI SOIA E ZENZERO

Riunite in un piccolo recipiente 250 ml di shoshoyu (salsa di soia giapponese), un pezzo di zenzero lungo di 5 cm, sbucciato e grattugiato finemente, e 2 cucchiaini di zucchero. Sbattete gli ingredienti con una frusta e servite entro 15 minuti dalla preparazione. Le dosi indicate sono per 250 ml di salsa.

Frittelle di banana e cocco

TEMPO DI PREPARAZIONE: 20 minuti
TEMPO DI COTTURA: 30 minuti
PER 4–6 persone

40 g di farina
2 cucchiai di farina di riso
60 g di zucchero
25 g di cocco essiccato
250 ml di latte di cocco
1 uovo leggermente sbattuto
4 banane grandi
60 g di burro
60 g di zucchero di canna
80 ml di succo di lime
1 cucchiaio di cocco tostato a scagliette
strisce di scorza di lime

1 Setacciate le farine in un recipiente, unite lo zucchero e il cocco e amalgamate con un cucchiaio. Fate la fontana al centro, versatevi il latte di cocco e l'uovo sbattuto e mescolate fino a ottenere un impasto morbido e omogeneo.

2 Scaldate una padella antiaderente, oppure una crepiera, e ungetela con una noce di burro. Versatevi 3 cucchiai dell'impasto preparato e fate cuocere a fuoco medio finché la parte inferiore della frittella sarà dorata.

3 Girate la frittella e fate dorare anche sull'altro lato, poi trasferitela in un piatto e copritela con un panno per mantenerla calda. Ripetete l'operazione fino a esaurire la pastella, avendo cura di imburrare la padella quando è necessario. Tenete le frittelle al caldo mentre preparate le banane.

4 Tagliate trasversalmente le banane a fette spesse. Fate sciogliere il burro nella padella, unitevi le banane, mescolate e fatele dorare leggermente a fuoco basso. Spolverizzatele con lo zucchero di canna e scuotete delicatamente la padella per farlo sciogliere, poi versate il succo di lime e mescolate. Distribuite le banane sulle frittelle, richiudetele a mezzaluna e cospargetele con il cocco e la scorza di lime.

Lavorate l'impasto finché diventerà morbido.

Mescolate le banane per ricoprirle con il burro.

Spolverizzate lo zucchero sulle banane e fatelo sciogliere.

Riso nero dolce

TEMPO DI PREPARAZIONE: 20 minuti
+ una notte in ammollo
TEMPO DI COTTURA: 40 minuti
PER 6–8 persone

400 g di riso nero
1 l di acqua fredda
500 ml di latte di cocco
80 g di zucchero di palma
3 cucchiai di zucchero
3 foglie fresche di pandan
tagliate a listerelle e annodate a nido
3 cucchiai di crema di cocco
3 cucchiai di crema di mais

1 Mettete il riso in un grande recipiente di vetro o di ceramica, copritelo a filo con acqua e lasciatelo in ammollo per tutta la notte, o per almeno 8 ore. Scolate il riso e trasferitelo in una pentola con 1 litro di acqua e portate a ebollizione a fuoco basso, mescolando spesso. Fate sobbollire per 20 minuti, finché il riso sarà morbido, poi scolatelo.

2 Versate il latte di cocco in una pentola di grosse dimensioni. Quando raggiunge il punto di ebollizione, unite i due tipi di zucchero e i nidi di pandan. Mescolate per far sciogliere lo zucchero, poi aggiungete il riso e proseguite la cottura per altri 3–4 minuti, mescolando continuamente e avendo cura di non portare il composto a ebollizione.

3 Lasciate insaporire il riso per 5 minuti, coperto e fuori dal fuoco, quindi eliminate le foglie di pandan. Servite tiepido, accompagnando con la crema di cocco e quella di mais.

Tenete in ammollo il riso per una notte o almeno per 8 ore.

Unite al latte i due tipi di zucchero e i nidi di pandan.

Eliminate il pandan servendovi di un paio di pinze.

Gelato di mango fresco

TEMPO DI PREPARAZIONE: 20 minuti
+ congelamento
PER circa 900 ml

3 manghi freschi
per un peso complessivo di 1,5 kg
125 g di zucchero
3 cucchiai di nettare di mango
300 ml di panna

1 Sbucciate i manghi, eliminate il nocciolo e tagliate la polpa a dadini. Metteteli nel bicchiere del frullatore e frullateli fino a ottenere un composto dalla consistenza omogenea. Trasferitelo in un recipiente, aggiungete lo zucchero e il nettare di mango e mescolate finché lo zucchero si sarà sciolto.

2 Montate la panna e incorporatela delicatamente al composto di mango.

3 Distribuite il composto preparato in un vassoio rettangolare con i bordi bassi, copritelo e mettetelo nel congelatore per 1 ora e 30 minuti, finché sarà parzialmente congelato. Trasferite velocemente l'impasto nel frullatore e frullate per 30 secondi per farlo ammorbidire. Rimettete l'impasto nel vassoio, o in un contenitore di plastica, coprite e fatelo congelare completamente. Tirate fuori il gelato dal congelatore 15 minuti prima di consumarlo. Servendovi dell'apposito porzionatore, ricavate palline di gelato e distribuitele nelle coppette. A piacere, arricchite con pezzetti di mango fresco.

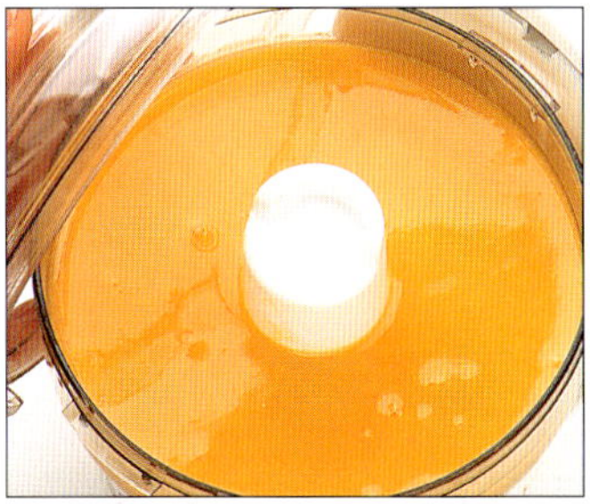

Frullate i manghi fino a ottenere un composto omogeneo.

Incorporate delicatamente la panna montata al composto.

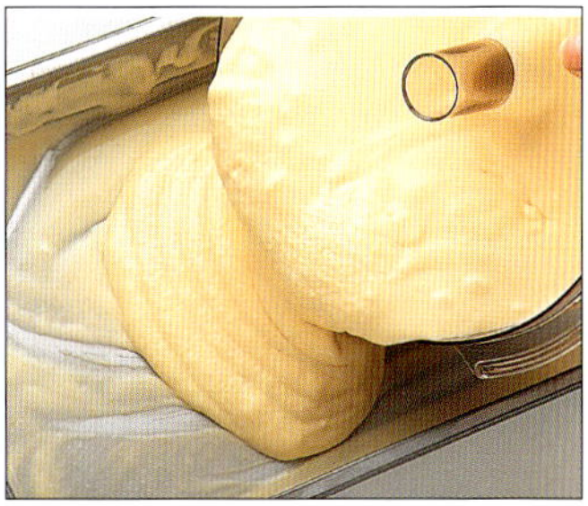

Versate il gelato in una vaschetta e fatelo congelare.

Glossario

ACETO DI VINO DI RISO Aceto dolce, dal sapore delicato, estratto dal riso.

AGLIO E CIPOLLA FRITTI Spicchi di aglio o di cipolla, precedentemente fritti e croccanti. Potete prepararli in casa, o acquistarli confezionati.

ALEURITE Noci grandi color crema, simili alla macadamia ma più secche. Non si mangiano crude, perché si ritiene che l'olio sia tossico. Si usano macinate per insaporire curry e salse.

BASILICO Il basilico tailandese ha un aroma forte ed è molto impiegato nella gastronomia asiatica. Le foglie vengono aggiunte al curry e fritte a fine cottura. Il basilico limone, dal delicato sapore di limone, è tritato e spolverizzato su insalate e minestre. Le foglie somigliano al basilico tailandese, ma il colore è diverso.

CORIANDOLO È l'erba aromatica più diffusa nella gastronomia tailandese. Si utilizzano tutte le parti della pianta: radice, gambo, semi e foglie. Può essere acquistato fresco nei negozi di generi alimentari asiatici, o in vaso in un vivaio. Per conservarlo, lavatelo e asciugatelo con cura, poi mettetelo in frigo in buste di plastica. Si conserva per 5–6 giorni. Il coriandolo fresco non può essere sostituito con quello secco.

CURCUMA Spezia amara usata per il suo colore intenso e brillante giallo arancio, soprattutto nei curry. Se usate la radice fresca, eliminate la pelle e grattugiate finemente la polpa.

CURRY IN FOGLIE Molto usate nella cucina asiatica, soprattutto per aromatizzare curry di verdure. Sono foglie piccole e a punta dall'odore speziato. Si possono acquistare fresche o secche. Potete usarle come le foglie di alloro, eliminandole prima di servire.

DAIKON Grossa radice bianca, molto impiegata nella cucina giapponese. Potete grattugiarla o tagliarla a fettine sottili per decorare, o prepararla in salamoia con salsa di soia e zucchero. Si trova fresca o in salamoia.

FAGIOLINI LUNGHI Sono fagiolini senza filamenti, che possono crescere fino a 30 cm.

FARINA DI RISO Si usa per addensare salse e curry, per legare gli impasti di carne e per i dessert. Può essere sostituita con la farina di granturco, ma non ha la stessa consistenza.

FOGLI DI CARTA DI RISO Fogli rotondi, friabili e chiari, che devono essere messi in ammollo o spennellati con acqua fredda prima dell'uso.

FOGLI PER INVOLTINI Fogli sottili, disponibili freschi o congelati, usati per avvolgere molte pietanze, tra cui gli involtini primavera. Se congelati, devono essere scongelati prima dell'uso.

FOGLIE DI BANANA Foglie larghe e pieghevoli del banano, sono usate come piatti e vassoi usa e getta e per avvolgere il cibo da cuocere in forno o al vapore. Prima dell'uso, eliminate la parte dura centrale, sciacquate le foglie in acqua fredda e

ammorbiditele passandole nell'acqua bollente.

FUNGHI SECCHI CINESI Conferiscono un aroma molto particolare e sono usati nei piatti di influenza cinese. Conservateli in un contenitore chiuso in un luogo fresco. Metteteli in ammollo prima dell'uso.

GALANGAL Simile allo zenzero, ma più rosa e con un retrogusto di pepe: da usare (possibilmente fresco) per curry, fritti e minestre. Maneggiatelo con molta attenzione perché il succo macchia. Il galangal secco deve essere messo in ammollo prima dell'uso. Il galangal in polvere è conosciuto anche come polvere di Laos.

GAMBERETTI ESSICCATI Gamberetti piccoli, salati e seccati al sole.

GERMOGLI DI SOIA Si usano soprattutto in insalata e saltati in padella. I germogli sono croccanti, bianchi e corti. Scartate quelli marroni o troppo morbidi. Sono facilmente deperibili: usateli entro 3 giorni dall'acquisto.

KECAP MANIS Salsa di soia densa e dolce, molto utilizzata nella cucina dell'Indonesia e della Malesia.

LEMON GRASS Erba aromatica fresca usata per curry, fritti e minestre. Eliminate la base e la parte dura, poi affettate finemente, tagliate o tritate la parte bianca interna. Per impasti e insalate, impiegate la parte bianca e tenera sopra la radice. Il gambo tagliato e ben lavato si può aggiungere alle minestre in cottura e ai curry, eliminandolo prima di servire. La lemon grass si trova anche secca: si lascia in ammollo nell'acqua per 30 minuti prima dell'uso.

LIME KAFFIR Un lime ruvido e scuro, dal sapore e dal profumo pronunciato. Le foglie si usano intere o sminuzzate per aromatizzare curry e insalate. La scorza ha un sapore molto forte e si utilizza grattugiata su insalate, minestre e curry.

MENTA VIETNAMITA Si consuma cruda in insalata, oppure come accompagnamento. Ha un sapore che ricorda quello del coriandolo, ma è più acuto.

MIRIN Una varietà di sakè dal gusto delicato e poco alcolico. Questo vino di riso addolcisce le salse e il sapore di piatti grigliati e glasse.

MISO Disponibile in molte varietà, è usato per minestre, marinate e condimenti.

NORI L'alga secca più usata da giapponesi e coreani. È venduta a fogli o strisce, al naturale o tostata. Passato velocemente sulla fiamma, il nori sprigiona un aroma di nocciola.

OLIO DI SESAMO Molto aromatico, fatto con semi di sesamo tostati, è impiegato in ricette tailandesi di influenza cinese. Usatelo con moderazione.

PAPAYA VERDE Indica la papaya che non ha raggiunto la maturazione.

PASTA DI GAMBERETTI SECCA (Blachan) Fatta di gamberi o gamberetti secchi, salati, tritati e lavorati in pani. Ha un odore molto forte e una volta aperta deve essere conservata in frigorifero, in un contenitore chiuso. Prima dell'uso, viene arrostita o fritta. Conosciuta anche come terasi, kapi.

PASTA/SALSA DI GAMBERETTI (Bagoong) Gamberetti o gamberi salati e fatti fermentare in vasi di terracotta.

PEPERONCINI I più piccoli sono i più piccanti. Lunghi fino a 3 cm, sono venduti freschi, secchi o in salamoia. Quelli lunghi circa 5 cm, sono usati macinati, o a scaglie.

I peperoncini medi, lunghi dai 10 ai 15 cm, sono molto usati nella cucina indonesiana e malese. Sono sottili e abbastanza piccanti, soprattutto i semi.

I peperoncini rossi e verdi più grandi, spessi e lunghi 15–20 cm, vengono usati nella cucina del nord della Thailandia. Quelli verdi maturi sono molto piccanti. Per evitare irritazioni cutanee, indossate sempre guanti di gomma, e dopo averli toccati, lavatevi con cura le mani. Se vi piace il curry piccante, lasciate i semi; se preferite un sapore più delicato, eliminateli.

Tutti i peperoncini interi si congelano bene in buste di plastica e possono essere tagliati anche congelati.

RISO La varietà jasmine è bianca a chicco lungo, molto impiegata nella cucina del Sud Est asiatico. Viene cotta a vapore, o lessata.

Il riso glutinoso nero è un riso a chicco lungo, usato in Asia per preparare dessert o stuzzichini. Una volta cotto, diventa leggermente appiccicoso. Si consuma previo ammollo.

Anche il riso glutinoso bianco diventa un po' appiccicoso dopo la cottura. Deve essere messo in ammollo e cotto al vapore. Di solito, è servito come dessert. In alcuni paesi asiatici, si usa come accompagnamento.

SAKÈ Vino di riso disponibile in diverse gradazioni, per cucinare o da bere. Cotto è meno alcolico.

SALSA DI PESCE Questa salsa marrone e salata, dal caratteristico odore di pesce, è un ingrediente importante della cucina tailandese e vietnamita.

SCALOGNI ASIATICI Crescono in bulbi, simili ai capi di aglio, e si vendono a pezzi simili a grandi spicchi di aglio. Hanno un sapore forte, sono facili da affettare e da macinare. In alternativa, potete utilizzare cipolle rosse (1 equivale a 4–6 scalogni).

SHOSHOYU (salsa di soia giapponese) Salsa più leggera e dolce di quella cinese, meno densa del kecap manis. Dopo l'apertura conservatela in frigorifero.

TAGLIOLINI

I tagliolini hokkien sono tagliolini di farina di frumento cotti e leggermente oliati prima di essere impacchettati. Non necessitano di alcuna preparazione preventiva: possono essere fritti, o uniti a minestre e insalate. Sono gialli, di consistenza gommosa. Conservateli in frigo fino al momento dell'uso. Le marche asiatiche sono di qualità migliore. Si conoscono anche come tagliolini Fukkien o di Singapore.

I tagliolini di uova freschi sono fatti di uova e farina. Si consumano previa cottura in acqua in ebollizione e si usano per il chow mein e alcune minestre. Disponibili in varie grandezze, i più comuni sono i capelli d'angelo. Conservateli in frigorifero prima dell'uso.

I tagliolini di riso freschi sono cotti al vapore e oliati

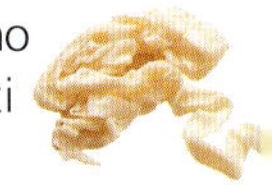

leggermente prima di essere confezionati. Sono pronti per l'uso. Sono più o meno spessi, o venduti a fogli da tagliare a seconda delle esigenze.

Gli spaghetti freschi di riso, conosciuti anche come tagliolini Laksa, sono tagliolini freschi di riso bianco simili a spaghetti. Possono essere sostituiti con i vermicelli.

I bastoncini di riso secchi sono tagliolini lucidi e piatti, simili a fettuccine. Si mettono in ammollo in acqua tiepida prima dell'uso.

I vermicelli di riso secchi sono tagliolini lucidi e sottili, confezionati a pani. Metteteli in ammollo in acqua bollente, o lessateli fino a quando non diventano morbidi.

I vermicelli di mungo secchi sono tagliolini lucidi e sottili fatti di fagioli mungo. È consigliabile metterli in ammollo in acqua tiepida prima dell'uso, oppure lessarli.

I soba sono tagliolini di farina di grano saraceno. Si vendono secchi, ma è possibile trovarli anche freschi.

I tagliolini udon secchi sono tagliolini di farina bianca giapponesi, tondi o schiacciati. Spesso si aggiungono alla minestra di miso, o lessati.

I tagliolini udon freschi sono molto usati e, se disponibili, sono preferibili a quelli secchi.

I tagliolini Shanghai sono tagliolini freschi di farina bianca, da lessare prima dell'uso. Si trovano spessi o sottili. Anche i tagliolini all'uovo freschi a volte vengono chiamati così.

TAMARINDO CONCENTRATO Si usa per conferire alle pietanze un retrogusto acidulo.

TOFU Impasto lattiginoso a base di soia, è disponibile in pani più o meno compatti, oppure fritto. Dal sapore delicato, il tofu assorbe gli aromi di spezie e salse.

WASABI Pasta dal sapore pungente fatta con la radice del Wasabi (rafano). Si tratta di una pianta molto piccante, quindi usatela con moderazione. Acquistabile in polvere o in pasta.

ZENZERO Ingrediente aromatico, è molto presente nella gastronomia asiatica. È facile da reperire fresco: scegliete rizomi sodi e lisci e conservateli in una busta di plastica.

ZENZERO IN SALAMOIA Fette sottili e fresche, rosa o bianche, di zenzero conservate in salamoia. Sono usate per i piatti di riso e come guarnizione.

ZUCCHERO DI PALMA Si ottiene dalla palma di Palmira o da quella da zucchero, è disponibile in pani o in vasetti. Lo zucchero di palma è spesso e friabile e può essere sciolto o grattugiato su salse e condimenti. Può essere sostituito con lo zucchero di canna o con quello di cocco.

Tutte le nostre ricette sono state testate in una cucina appositamente attrezzata. Le misure indicative di tazze e cucchiai utilizzate nelle ricette si intendono sempre rase. Abbiamo utilizzato solo uova da 60 g. Il peso dei barattoli varia a seconda della marca e del paese d'origine. Scegliete sempre quelli che più si avvicinano alle indicazioni della ricetta.

TABELLA DI CONVERSIONE
1 tazza = 250 ml
1 cucchiaino = 5 ml
1 cucchiaio = 15 ml (3 cucchiaini)

TAZZE – INGREDIENTI SOLIDI
1 tazza di mandorle intere = 125 g
1 tazza di formaggio grattugiato = 155 g
1 tazza di farina di grano = 125 g
1 tazza di farina di grano integrale = 140 g
1 tazza di carne macinata = 250 g
1 tazza di pasta corta in vari formati = 125 g
1 tazza di uva passa = 170 g
1 tazza di riso a chicco corto = 200 g
1 tazza di semi di sesamo = 160 g
1 tazza di piselli secchi spezzati = 250 g

Laddove sono indicate diverse temperature, quella più bassa si riferisce ai forni a gas, quella più alta agli elettrici. Questo perché la fiamma del gas genera un calore più secco che cuoce in minor tempo anche se la temperatura impostata è la stessa.

	°C	GAS
Bassissimo	120	½
Basso	150	2
Medio basso	160	3
Moderato	180	4
Mod. caldo	190 (g) / 210 (e)	5
Caldo	200 (g) / 240 (e)	6
Caldissimo	230 (g) / 260 (e)	8

(g) = gas (e) = elettrico

NOTA: Se avete un forno ventilato controllate il manuale d'istruzioni, ma di norma impostate la temperatura a 20° C in meno rispetto a quella indicata nella ricetta.

Edito e distribuito da: © **Logos**, 2005
Strada Curtatona 5/J – 41100 Modena
T. 059 418 700 / 715 / 722 / 744 – F. 059 418 789
E-mail: commerciale@books.it – Sito Web: www.books.it

Edizione italiana a cura di Leonardo Tondelli
Traduzione di Sara Bani
Impaginazione e grafica di copertina: Eleonora Ascari per Inter Logos, Modena

ISBN: 88-7940-351-6

Stampato in Cina da Sing Cheong Printing Co. Ltd.

Edizione originale: *Successful Cooking, Asian Favourites*